Audiolibros y Locuciones con IA

Convierte texto en ganancias usando voces de IA para audiolibros, podcasts y trabajos de narración

Por Joe Correa

Publicado por Live Stronger Faster

Primera edición

Tabla de Contenidos

Introducción

En los últimos años, algo increíble ha estado sucediendo—de manera silenciosa, pero poderosa. La inteligencia artificial se ha infiltrado en una de las industrias más humanas de todas: la voz. Antes, grabar locuciones o audiolibros de alta calidad requería miles de dólares en equipo de estudio, un actor de voz profesional, un ingeniero de audio y horas de edición. Hoy, todo eso puede reemplazarse por algo que ya tienes: un guion y una computadora portátil.

La tecnología de voz con IA ha transformado la forma en que creamos y compartimos audio. Lo que antes tomaba semanas y la participación de múltiples profesionales, ahora puede lograrse en cuestión de minutos por un solo creador usando algunas herramientas inteligentes. Y este libro es tu hoja de ruta. Ya seas un autor que quiere convertir su escritura en un audiolibro, un freelancer que busca ingresos extra, o simplemente tengas curiosidad por cómo las personas están usando voces sintéticas para ganar dinero en línea—esta es tu guía para hacerlo realidad.

Imagina convertir una entrada de blog en un podcast atractivo, un ebook en un audiolibro multilingüe, o una simple descripción de producto en una locución pulida—sin pronunciar una sola palabra. Ese es el poder del que hablamos aquí. Ya no necesitas una cabina de grabación profesional ni talento actoral. Solo necesitas acceso a las herramientas correctas y a la estrategia adecuada. Este libro te dará ambas cosas.

Pero antes de sumergirnos, respondamos una pregunta clave: ¿por qué audiolibros y locuciones? ¿Por qué ahora?

La respuesta es simple. El audio está en auge. Los audiolibros son uno de los segmentos de más rápido crecimiento en la industria de la publicación digital. Solo en Estados Unidos, los ingresos por audiolibros superaron los 2 mil millones de dólares el año pasado—y ese crecimiento no se está desacelerando. La comodidad de escuchar mientras conduces, caminas o haces tareas del hogar ha hecho que el contenido en audio sea más atractivo que nunca. A nivel global, los oyentes tienen hambre de conocimiento, historias y conexión—y lo quieren en formato de audio.

Pero no se trata solo de audiolibros. El contenido de locución está explotando en plataformas como YouTube, Instagram, TikTok y sitios de e-learning. Cada vez que un creador sube un video tutorial, una marca publica un video explicativo de producto o un coach lanza un curso en línea, existe una oportunidad de trabajo de locución. Y aquí está el secreto: la mayoría de ese trabajo ya no requiere una voz humana. Las herramientas de IA han nivelado el campo de juego.

Con herramientas como ElevenLabs, PlayHT y Descript, puedes crear narraciones realistas, emocionales y con sonido humano en segundos. Estas plataformas ofrecen desde voces predefinidas hasta capacidades completas de clonación de voz—para que puedas replicar tu propia voz o crear un personaje con solo unas pocas líneas de audio de entrenamiento. ¿Quieres crear audiolibros en varios idiomas? Hecho. ¿Quieres sonar como un narrador cálido o un contador de historias dramático? Fácil. ¿Quieres agregar respiración, ritmo y emoción para que coincidan con una escena? Estas plataformas lo hacen posible.

Entonces, ¿qué aprenderás en este libro? Mucho.

Descubrirás cómo usar las principales herramientas de voz con IA del mercado, y no solo cómo generar audio, sino cómo lograr que suene increíble. Aprenderás a producir audiolibros de calidad profesional, crear locuciones para YouTube y podcasts, y vender servicios de narración en plataformas freelance. Aprenderás dónde publicar tu contenido de audio para llegar a una audiencia global—y cómo convertir un solo guion en múltiples fuentes de ingresos. Y, lo más importante, cubriremos el aspecto legal—qué puedes y qué no puedes hacer con voces de IA, y cómo evitar violaciones de derechos de autor o bloqueos en plataformas.

También aprenderás a comercializar tus servicios de locución, incluso si aún no tienes portafolio ni clientes. Verás ejemplos de creadores que comenzaron desde cero y construyeron ingresos reales en línea. Ya sea que busques ganar unos cientos de dólares al mes o construir un negocio completo de publicación de audio, este libro te mostrará el camino.

Hablemos de para quién es este libro.

Es para el autor que ha escrito un libro pero no puede pagar un narrador. Es para el podcaster que quiere una voz limpia y consistente pero no tiene tiempo para grabar cada episodio. Es para el freelancer que quiere ofrecer servicios de locución sin usar su propia voz. Es para el emprendedor que busca un negocio secundario escalable, de alta rentabilidad y bajos costos. Y es para el principiante absoluto que nunca ha usado IA, pero está listo para empezar algo nuevo.

No necesitas un estudio de grabación. No necesitas un micrófono sofisticado. Ni siquiera necesitas tu propia voz. Todo lo que necesitas es un guion, una estrategia y la disposición para aprender. Las herramientas que descubrirás en este audiolibro son fáciles de usar para principiantes, accesibles y increíblemente potentes cuando se usan correctamente. Permiten que cualquiera—desde cualquier lugar—cree y venda contenido de audio de alta calidad en tiempo récord.

Vivimos en una era en la que la capacidad de hablar, enseñar o narrar puede automatizarse. Y aunque al principio pueda sonar intimidante, en realidad es la mayor oportunidad que hemos tenido para escalar nuestras ideas, historias y mensajes. Nunca ha sido tan fácil construir una marca, un negocio o un proyecto creativo impulsado por tus palabras.

Así que, si alguna vez soñaste con publicar un audiolibro, lanzar un podcast o ganar dinero con tu voz—pero te sentiste limitado por el tiempo, el dinero o la confianza—este es tu momento.

Sobre este libro

Estamos viviendo uno de los mayores cambios económicos de nuestro tiempo—y la mayoría de las personas ni siquiera se dan cuenta. La inteligencia artificial no es solo una tendencia. No es una palabra de moda, ni una ola pasajera, ni un truco tecnológico. Es una evolución permanente en la forma en que creamos, comunicamos y monetizamos nuestro trabajo. Y en ningún lugar este cambio es más evidente—o más rentable—que en el mundo del audio.

Este libro existe porque algo increíble está ocurriendo ahora mismo: por primera vez en la historia, cualquiera—independientemente de su experiencia, ubicación o presupuesto—puede convertir palabras simples en contenido de audio profesional y cobrar por ello. Esto es más que un ingreso extra. Es un movimiento. Un movimiento donde el texto se convierte en voz, la voz se convierte en valor, y el valor se convierte en ingresos.

Los audiolibros y las locuciones se encuentran en la intersección de dos tendencias explosivas: el auge de la escucha pasiva y el acceso a herramientas de IA. Más personas consumen información con los oídos que nunca antes. Ya sea durante un trayecto, en el gimnasio o haciendo tareas del hogar, los oyentes buscan contenido que puedan absorber mientras viven su vida. Y los creadores corren para satisfacer esa demanda—con contenido de audio rápido, flexible y escalable.

Los guardianes tradicionales de la producción de audio—estudios, agentes y contratos de grabación—están siendo reemplazados por herramientas que viven en tu navegador. No necesitas ser un actor de voz profesional. No necesitas experiencia en edición. No necesitas equipo costoso. Solo necesitas una buena idea, un mensaje claro y las herramientas que aprenderás en este libro. Por eso este libro importa—porque te da acceso a una industria entera que antes estaba cerrada para cualquiera sin contactos o capital.

Hablemos de números.

Según Deloitte, se espera que el mercado global de audiolibros supere los 35 mil millones de dólares para 2030, impulsado por generaciones más jóvenes, el consumo móvil y el aumento de la alfabetización global. Mientras tanto, los servicios de locución prosperan en plataformas como Upwork, Fiverr y Voices.com, donde el talento de voz se utiliza para todo, desde anuncios en video hasta animaciones explicativas y pistas de meditación guiada. El pago promedio por trabajo de locución oscila entre 50 y 500 dólares—y con IA, puedes completar 10 en el tiempo que le tomaría a un humano hacer uno.

Pero eso es solo el comienzo. Los creadores de voz con IA ahora monetizan de formas que la mayoría de las personas ni siquiera ha considerado. Algunos generan cientos de dólares al día convirtiendo entradas de blog en videos narrados para YouTube. Otros crean versiones multilingües de sus libros usando voces clonadas y las venden a nivel internacional. Coaches y consultores están reutilizando su contenido en mini-cursos narrados, meditaciones o respuestas automatizadas por correo electrónico. Este libro no solo te muestra cómo hacer locuciones—te muestra cómo construir sistemas que funcionan 24/7.

El potencial aquí no se trata solo de ganar dinero—se trata de libertad. La narración con IA te permite multiplicarte. Te permite estar en varios lugares a la vez, contando tu historia, enseñando tu contenido y sirviendo a tu audiencia incluso mientras duermes o estás de vacaciones. Y como las herramientas son automatizadas y escalables, tu esfuerzo se compone con el tiempo. El audio que produces hoy puede seguir vendiéndose o generando leads durante años.

Este libro también trata sobre el momento oportuno. Estamos en una ventana rara de oportunidad—una ventana donde las herramientas son poderosas pero la competencia aún es baja. Muchas personas dudan. Piensan que es demasiado técnico. Demasiado complicado. Demasiado saturado. No entienden que lo que antes requería un equipo de profesionales ahora puede hacerse en pocas horas con la ayuda de la IA. Esa duda es tu ventaja. Si actúas ahora, puedes establecerte mientras el mercado aún se expande. Puedes construir tu marca, tu biblioteca y tu base de clientes—antes de que los demás se pongan al día.

Y no olvidemos la oportunidad global. Una de las partes más emocionantes de la tecnología de voz con IA es lo fácilmente que cruza fronteras. Puedes tomar un guion escrito en inglés y generarlo en español, portugués, hindi o mandarín en minutos. Puedes vender audiolibros en mercados que nunca has visitado. Puedes ayudar a clientes a narrar materiales de capacitación, aplicaciones de meditación o podcasts en sus idiomas nativos. No solo estás construyendo un negocio de audio—estás construyendo un imperio de audio global y multilingüe.

Dentro de este libro no encontrarás relleno ni exageraciones. Encontrarás estrategias, herramientas y casos de uso que realmente funcionan. Ya sea que quieras vender servicios de locución, publicar tus propios audiolibros, lanzar un podcast sin rostro o simplemente experimentar convirtiendo texto en algo más poderoso—estás en el lugar correcto.

Este libro está dividido en capítulos que te guían paso a paso por las partes más importantes de este viaje. Aprenderás a seleccionar las mejores herramientas, estructurar tu contenido, fijar precios y posicionar tus servicios, evitar problemas legales y comercializar lo que creas—aunque no tengas seguidores ni experiencia. Cada capítulo termina con una historia—ejemplos reales de personas que usan estas herramientas para construir ingresos, influencia o libertad. Verás cómo personas comunes—escritores, freelancers, jubilados y estudiantes universitarios—están usando voces de IA para cambiar sus vidas.

El futuro pertenece a los creadores que adoptan nuevas herramientas temprano. No porque las herramientas sean perfectas, sino porque la oportunidad lo es. Con IA, no solo estás externalizando tu voz—estás escalando tu mensaje. Estás automatizando tu creatividad. Estás recuperando tu tiempo. Y lo haces con un costo mínimo y un potencial ilimitado.

Este libro te mostrará cómo empezar, cómo escalar y cómo triunfar en el nuevo mundo del audio impulsado por IA. Y cuando termines, tendrás todo lo necesario para convertir tus palabras en riqueza—y tu voz en un negocio que hable por ti alrededor del mundo.

Así que prepárate. Porque lo que estás a punto de aprender puede crear ingresos duraderos, libertad a largo plazo y el tipo de impacto con el que la mayoría de los creadores solo sueñan. Y todo comienza con un simple guion.

Capítulo 1: Cómo Empezar Con Voces De IA

La industria de los audiolibros está explotando, y la tecnología de voz con IA ha llegado en el momento perfecto. Si recién estás comenzando, es importante comprender el potencial revolucionario de las voces generadas por inteligencia artificial y cómo puedes aprovecharlas para convertir texto en ingresos. Ya sea que te interese crear audiolibros, locuciones para YouTube, narraciones para cursos o vender servicios en plataformas freelance, ahora tienes acceso a herramientas que eliminan la necesidad de micrófonos, estudios o talento vocal. Este capítulo te guiará a través de los pasos fundamentales para iniciar tu camino con voces de IA y monetizar tu contenido, incluso si nunca has narrado nada antes.

Para comenzar, desglosaremos qué son realmente las voces de IA. En esencia, las herramientas de voz con IA utilizan motores avanzados de texto a voz (TTS) impulsados por algoritmos de aprendizaje profundo. Estos motores analizan patrones del habla humana y los replican de una manera cada vez más indistinguible de las voces reales. Las plataformas TTS más potentes de hoy pueden simular tono, emoción, pausas, ritmo e incluso acentos regionales. A diferencia del sonido robótico y monótono de los sistemas de voz antiguos como Siri o Alexa, las voces modernas de IA pueden leer un audiolibro con emoción, entregar remates con el tiempo exacto o sonar conversacionales y naturales, lo suficiente como para conducir un podcast completo.

Existe una variedad de herramientas de voz con IA en el mercado, pero algunas destacan por su combinación de realismo, control para el usuario, flexibilidad de licencias y facilidad de uso. Una de las herramientas más populares es ElevenLabs, conocida por su generación de voz ultra realista y su control de emociones. Permite a los usuarios elegir entre una amplia gama de voces o incluso crear voces personalizadas subiendo muestras de audio. Otra excelente opción es PlayHT, que ofrece una interfaz rápida e intuitiva y admite múltiples idiomas y acentos. Esto la hace ideal para proyectos de narración globales o contenido que necesita sonar nativo en distintas regiones. Para los creadores que prefieren una experiencia de edición tipo podcast, Descript ofrece una herramienta llamada Overdub. Esta herramienta te permite generar narración por voz y editar el audio simplemente escribiendo. También te permite entrenar tu propia voz de IA usando muestras de tu voz, brindándote control creativo total.

Una vez que hayas seleccionado una herramienta de voz, es momento de comenzar a construir el flujo de trabajo de tu primer proyecto. La clave es mantenerlo simple al principio.

Empieza con un guion básico: puede ser una entrada de blog que escribiste, un correo electrónico que enviaste o la descripción de un producto de tu tienda en línea. Copia y pega el texto en la herramienta de voz con IA que hayas elegido. Selecciona una voz y previsualiza cómo suena con tu contenido. Si es necesario, ajusta la puntuación o el formato para mejorar la entrega. Muchas herramientas permiten añadir pausas, inflexiones o incluso especificar emociones como "entusiasta", "calmo" o "dramático". Cuando la voz suene natural, genera el archivo de audio en formato MP3 o WAV. Ahora tienes una locución pulida que puedes usar en un video, podcast o audiolibro. Puedes editarla en una herramienta gratuita como Audacity, o usar Descript si prefieres hacer cambios editando el texto en lugar de la forma de onda.

Una excelente forma de desarrollar habilidad y confianza es practicar con piezas cortas de contenido. Comienza convirtiendo un texto de 30 segundos a 1 minuto en un clip narrado. Puede ser una cita motivacional, un breve artículo de blog o la introducción de un video de YouTube. Estas pequeñas pruebas te ayudarán a familiarizarte con los controles de la herramienta, los tipos de voz y los conceptos básicos de edición de audio. A medida que ganes experiencia, podrás avanzar gradualmente hacia proyectos más largos como episodios completos de podcast, narraciones de páginas de ventas o capítulos de audiolibros. Con cada nuevo proyecto, mejorarás en el formato de guiones, la selección de voces y el flujo de producción.

Aunque las voces de IA abren enormes oportunidades, también debes conocer las reglas. No todos los modelos de voz están licenciados para uso comercial, especialmente si utilizas un plan gratuito. Algunas plataformas requieren que actualices a un plan de pago para poder usar las voces generadas en audiolibros o videos monetizados. Además, si planeas clonar la voz de alguien —incluso la tuya— para uso comercial, debes asegurarte de tener los derechos legales y el consentimiento correspondiente. Plataformas como ElevenLabs y PlayHT suelen contar con formularios de consentimiento o lineamientos de uso ético para evitar abusos. Lee siempre las licencias y los términos de servicio antes de publicar o vender cualquier contenido de voz generado con IA.

Finalmente, hablemos de hasta dónde puede llegar esto. Una vez que domines las herramientas, podrás empezar a convertir tu contenido de locución en ingresos reales. Puedes publicar audiolibros a través de Findaway Voices, ACX o Spotify for Podcasters. Puedes ofrecer servicios de narración en Fiverr y Upwork. Incluso puedes usar tu propia voz de IA para crear contenido de marca para canales de YouTube o cursos. La clave está en comenzar con algo pequeño, dominar el flujo de trabajo y luego expandirte. En cuestión de semanas, lo que antes era un simple documento de texto puede convertirse en una biblioteca de productos de audio rentables, todo narrado sin que jamás tengas que entrar a un estudio.

Ahora que entiendes cómo empezar con voces de IA, pasemos a una historia del mundo real que lo hace tangible.

Alex y el poder de ElevenLabs

Alex Martínez estaba sentado al borde de su cama, mirando la pantalla iluminada de su laptop. Eran las 2:13 a. m., y estaba desplazándose por bolsas de trabajo freelance, buscando desesperadamente un ingreso extra. Su trabajo de tiempo completo como representante de atención al cliente apenas alcanzaba para pagar las cuentas, y su sueño de convertirse en emprendedor digital parecía más lejano que nunca. Justo cuando estaba a punto de cerrar la laptop con resignación, un anuncio captó su atención: "Convierte texto en audio. No necesitas voz. Empieza a vender audiolibros y locuciones con IA". Escéptico pero intrigado, hizo clic.

El anuncio lo llevó a un tutorial gratuito sobre ElevenLabs. Afirmaba que con solo unos clics, cualquiera podía generar locuciones realistas para audiolibros, cursos o videos de marketing, sin micrófono ni actuación de voz. La idea sonaba demasiado buena para ser verdad, pero Alex siempre había sido escritor. Si esto podía ayudarlo a transformar sus antiguos artículos de blog en audiolibros o trabajos de narración, valía la pena intentarlo. Se registró en una prueba gratuita, copió una sección de un blog que había escrito el año anterior y la pegó en el cuadro de texto. Eligió una voz masculina estadounidense, calmada y con un toque cálido, y presionó "Generar".

Lo que salió lo dejó atónito. La voz era expresiva, casi humana. Enfatizaba ciertas frases, hacía pausas naturales y sonaba como algo que escucharías en Audible. Lo escuchó de nuevo, con la piel erizada. No había grabado nada—solo palabras escritas cobrando vida gracias a la inteligencia artificial. En menos de una hora, había creado una muestra narrada de tres minutos que sonaba como si hubiera sido producida profesionalmente en un estudio.

Al día siguiente, subió su muestra a Fiverr y publicó un nuevo servicio: "Narraré tu guion usando una voz profesional de IA". Lo fijó en solo 10 dólares, sin saber siquiera si alguien lo notaría. En menos de 48 horas, tenía tres pedidos—y uno de los compradores le preguntó si podía hacer una versión en audiolibro de su eBook. Alex entró en pánico. Nunca había creado un audiolibro. Pero recordó que el tutorial mencionaba Findaway Voices. Tras una rápida investigación, se dio cuenta de que podía generar guiones largos en ElevenLabs, editarlos en Audacity y subir los capítulos terminados. Ese fin de semana, entregó su primera narración de audiolibro. El cliente dejó una reseña de cinco estrellas y una propina de 20 dólares.

Animado por su éxito inicial, Alex creó un sistema. Cada mañana escribía o revisaba guiones. Por la tarde, generaba y editaba el audio. Por la noche, subía muestras, respondía mensajes de clientes y promocionaba sus servicios. Agregó nuevas voces, aprendió a ajustar el tono y el ritmo, e incluso experimentó con la clonación de su propia voz para construir una marca personal de podcast. En poco tiempo, su perfil de Fiverr tenía más de 50 reseñas, y ganaba más con locuciones de IA que en su trabajo de tiempo completo.

Uno de sus momentos favoritos llegó cuando narró un podcast de meditación para un cliente en Australia. El cliente le escribió diciendo: "No puedo creer que esto sea IA. Suena tan real. A mis oyentes les encanta". Ese mensaje hizo que algo encajara. Esto no se trataba solo de ganar dinero. Se trataba de ayudar a las personas a contar historias, enseñar lecciones y conectar—usando el poder de la tecnología.

Seis meses después de aquella noche sin dormir, Alex presentó su renuncia. Ya no perseguía trabajos a las 2 de la madrugada. Había construido un sistema que convertía su escritura en audio, y ese audio en ingresos. Y todo comenzó con una voz, un párrafo y una decisión de intentarlo.

Capítulo 2: Cómo Elegir Las Herramientas De Voz Con IA Adecuadas

Ahora que ya comprendes el potencial de la tecnología de voz con IA y cómo comenzar, es momento de elegir las herramientas correctas. Esta decisión puede definir la calidad, las opciones de licenciamiento, el flujo de trabajo y la rentabilidad final de tu contenido de audio. Ya sea que estés creando audiolibros, podcasts, cursos en línea, narraciones para YouTube o servicios de locución freelance, seleccionar la mejor herramienta de voz con IA te ahorrará tiempo, mejorará tu sonido y te ayudará a construir una fuente de ingresos sostenible.

El primer factor a considerar es la **calidad de la voz**. El realismo de la voz generada es el diferenciador más evidente entre las herramientas. Algunas herramientas gratuitas de texto a voz todavía suenan robóticas o sin emoción. Tú quieres voces que transmitan tono, emoción y un ritmo conversacional natural. Plataformas como ElevenLabs, PlayHT, LOVO AI y Descript ofrecen voces casi humanas con la posibilidad de ajustar el tono, la velocidad, el énfasis y la emoción. Estas son las voces que pueden vender un producto, mantener la atención del oyente y sostener narraciones largas sin sonar artificiales.

En segundo lugar, piensa en la **compatibilidad con tu caso de uso**. Diferentes herramientas están optimizadas para distintos tipos de proyectos. Por ejemplo, Descript es ideal para podcasts y locuciones de video porque te permite editar el audio simplemente modificando el texto. Incluso puede eliminar automáticamente muletillas, ruido de fondo y pausas innecesarias. ElevenLabs, por otro lado, es excelente para audiolibros largos o narración de historias gracias a su control emocional y su entrega ultra realista. PlayHT es ideal para contenido multilingüe y trabajos que requieren rapidez. Ofrece más de 800 voces en más de 130 idiomas y dialectos, lo que lo hace perfecto para audiencias globales.

El **licenciamiento y los derechos comerciales** son el tercer factor más importante. No todas las herramientas permiten el uso comercial de sus voces en planes gratuitos o básicos. Si planeas publicar tus audiolibros en Audible, vender servicios de locución en Fiverr o incluir voces de IA en videos de YouTube, asegúrate de revisar cuidadosamente la política de uso comercial. Por ejemplo, los planes PlayHT Pro y ElevenLabs Creator ofrecen licencias libres de regalías, pero solo cuando estás en un plan de pago. Usar versiones gratuitas para trabajo comercial puede resultar en reclamaciones de derechos de autor o, peor aún, en bloqueos de plataformas.

Luego, considera la **personalización y clonación de voz**. Algunas herramientas, como Murf.ai y ElevenLabs, te permiten subir muestras de tu propia voz y clonarla mediante IA. Esto significa que puedes generar una narración con tu voz de marca sin tener que grabar cada palabra manualmente. Es una opción muy poderosa para emprendedores, coaches, educadores y creadores que buscan consistencia en todo su contenido, especialmente si quieres "ser la voz" de tu marca. Sin embargo, la clonación suele requerir un plan premium y verificación de derechos de voz para garantizar un uso ético.

La **integración con tu flujo de trabajo** es otro factor crítico. Elige herramientas que encajen bien en tu sistema actual de producción de contenido. Por ejemplo, si usas Canva, Premiere Pro o Final Cut, revisa si la plataforma de voz con IA permite exportaciones de audio sencillas o integraciones directas. Si trabajas con contenido largo como cursos en línea o audiolibros, busca funciones como procesamiento por lotes, exportación por capítulos o generación masiva de audio. Herramientas como Speechelo y Synthesys ofrecen exportaciones simples para integración en video, mientras que Descript proporciona líneas de tiempo y edición multipista para resultados más profesionales.

El **precio** es el factor final, y muchas veces el decisivo. La mayoría de las plataformas siguen un modelo freemium, donde algunas voces básicas o un número limitado de caracteres son gratuitos, pero el uso profesional requiere una suscripción. Los planes iniciales suelen oscilar entre 9 y 29 dólares al mes, mientras que los planes más avanzados pueden superar los 99 dólares. Antes de suscribirte, es recomendable hacer pruebas en varias plataformas y comparar los resultados. Una pequeña diferencia en calidad o experiencia de usuario puede marcar la diferencia entre entregar audio listo para clientes o narraciones poco atractivas.

En resumen, al elegir tus herramientas de voz con IA, pregúntate lo siguiente:
¿Necesito una entrega emocional?
¿Estoy creando videos cortos o audiolibros largos?
¿Necesito voces en distintos idiomas?
¿Voy a publicar o vender este contenido comercialmente?
¿Quiero clonar mi voz?
¿Esta herramienta se integra bien con mi sistema de creación de contenido?

Las respuestas a estas preguntas te guiarán hacia la plataforma correcta.

En el próximo capítulo, veremos paso a paso cómo usar tu herramienta de IA seleccionada: desde escribir el guion hasta generar y editar el producto final de audio. Pero antes, sigamos la historia de alguien que probó múltiples herramientas, cometió errores y encontró la voz perfecta para construir una marca de audio rentable.

Sin micrófono, sin estudio

Jasmine Patel siempre había soñado con convertirse en narradora de historias. Sus diarios estaban llenos de relatos cortos, poemas y fragmentos de novelas que nunca se había atrevido a publicar. Pero la vida se interpuso —como suele suceder. Entre administrar una pequeña librería, criar a dos hijos y pagar las cuentas, su trabajo creativo quedó guardado en carpetas olvidadas en su laptop. Todo cambió un martes por la noche, cuando se topó con un hilo en Reddit titulado: "Convertí mi historia corta en un audiolibro usando IA — sin micrófono, sin estudio". Curiosa y escéptica, Jasmine hizo clic.

La publicación enlazaba a una muestra de audio creada con ElevenLabs. Jasmine presionó reproducir. Una voz suave y expresiva narraba un párrafo sobre un mundo postapocalíptico con tanta claridad y emoción que ella se inclinó hacia la pantalla. "No puede ser", susurró. "¿Eso es IA?". Se quedó despierta hasta medianoche investigando herramientas de voz con IA. Al día siguiente, después de acostar a sus hijos, decidió probarlas.

Primero probó una herramienta web gratuita que prometía narración realista. Sonaba robótica y vacía —definitivamente no era lo que buscaba. Luego se registró en PlayHT. La variedad de voces e idiomas era impresionante, y le sorprendió lo rápido que generaba el audio. Pero cuando probó una historia con giros emocionales, la voz se sentía demasiado plana. Sonaba más como un traductor que como una narradora. "No está mal para narraciones rápidas", pensó, "pero quizá no sea esta".

Después creó una cuenta de prueba en ElevenLabs. Pegó unas líneas de una de sus historias favoritas y seleccionó una voz llamada "Femenina — Calm & Expressive". Cuando presionó generar y escuchó el resultado, su corazón dio un salto. Las pausas eran naturales. La emoción del personaje se sentía real. La última frase de la historia le provocó escalofríos —y ella la había escrito. "Esta es", susurró. Sabía que esa era la voz que podía dar vida a sus personajes.

Durante las noches siguientes, probó distintas voces para diferentes historias. Una voz masculina profunda para thrillers. Una voz ligera y juvenil para cuentos infantiles. Incluso experimentó con crear un clon de su propia voz usando grabaciones hechas con su teléfono. Era surrealista escucharse narrar una historia sin haber hablado realmente. Con cada herramienta, tomaba notas: PlayHT para historias internacionales, Descript para su idea de podcast, ElevenLabs para ficción.

Pero no se trataba solo de las herramientas —se trataba de las posibilidades. Jasmine se dio cuenta de que no necesitaba presentar propuestas a editoriales ni alquilar un estudio. Podía narrar, editar y publicar desde su sala. Y eso fue exactamente lo que hizo. Publicó su primer audiolibro narrado con IA en Findaway Voices. Luego otro. Luego lanzó un podcast de ficción serializada con actores de voz generados por IA. Se promocionó como “una narradora de nueva era impulsada por IA”.

Seis meses después, sus libros acumulaban miles de reproducciones. Se formó una pequeña comunidad de fans alrededor de sus historias de fantasía, algunos incluso le enviaban correos de admiradores. Un oyente de Alemania le escribió: “Tus historias me ayudaron mucho en un momento difícil. Las voces se sienten tan reales”. Jasmine lloró al leerlo. Lo que comenzó como un hilo en Reddit se convirtió en una carrera —no porque tuviera el mejor equipo, sino porque tenía la herramienta correcta y el valor de intentarlo.

Capítulo 3: Cómo Crear Audiolibros Paso a Paso

Crear un audiolibro con IA puede sonar como un desafío técnico, pero en realidad el proceso se ha simplificado tanto que cualquier persona con una computadora y acceso a internet puede hacerlo. En este capítulo, recorreremos todo el proceso paso a paso para producir tu propio audiolibro: desde la preparación del guion hasta la generación de la voz, edición, masterización y publicación. Ya sea que estés adaptando tu propio libro o narrando el contenido de otra persona como servicio, este proceso te ayudará a convertir texto plano en un producto de audio producido profesionalmente que puedes monetizar o distribuir en plataformas como Findaway Voices, Audible o tu propio sitio web.

El primer paso es **preparar el guion**. Si ya tienes un libro o eBook escrito, este paso es sencillo. Sin embargo, es fundamental revisar y dar formato al texto para audio. El texto escrito no siempre se traduce bien cuando se lee en voz alta. Los párrafos largos, la puntuación compleja y el lenguaje demasiado formal pueden sonar incómodos en formato de audio. Divide tu contenido en oraciones cortas y naturales. Agrega pausas cuando sea necesario, utiliza transiciones claras y ajusta la gramática para que coincida con el ritmo del habla.

Quieres que el oyente sienta que le están hablando, no que está leyendo un libro de texto.

Luego viene la **selección de la voz y la narración** usando tu herramienta de voz con IA. Elige la voz que mejor se adapte al tono y al público de tu audiolibro. Para ficción, considera una voz con rango emocional. Para no ficción, opta por claridad, confianza y calidez. La mayoría de las plataformas te permiten previsualizar varias voces con un guion de muestra antes de decidirte. Si trabajas con una obra de ficción con múltiples personajes, puedes elegir voces distintas para cada personaje. Herramientas como ElevenLabs y Murf AI admiten salida multivocal dentro del mismo archivo de audio. Simplemente pega tu guion, asigna voces a las secciones o personajes y ajusta la emoción o el ritmo según sea necesario.

Una vez que hayas finalizado la configuración de la voz, **divide tu libro en secciones manejables**. Lo ideal es generar el audio por capítulos o subcapítulos para evitar archivos demasiado grandes y facilitar la edición. Genera cada sección por separado y escucha con atención para detectar problemas de pronunciación, pausas incómodas o artefactos de audio. Si es necesario, ajusta la puntuación del guion o agrega "coma", "punto" o puntos suspensivos para forzar pausas más naturales. Cuando la narración suene correcta, expórtala en formato MP3 o WAV.

El siguiente paso es la **edición y masterización**. Aquí es donde limpias el audio bruto para asegurar una calidad profesional. Si usas Descript, puedes editar directamente modificando el texto y eliminando muletillas o frases repetidas. Para una edición de audio más precisa, utiliza Audacity (gratuito) o Adobe Audition (de pago). Elimina cualquier ruido de fondo si existe, equilibra el volumen entre capítulos y añade una compresión ligera para que el sonido sea más lleno y uniforme. Asegúrate de que todos los capítulos estén normalizados al mismo nivel de volumen, normalmente entre -18 y -20 LUFS para audiolibros. Esto evita saltos de volumen de un capítulo a otro.

Cuando la edición esté completa, **organiza tus capítulos** en una carpeta numerada y crea los metadatos de cada archivo: título del capítulo, título del libro, autor, narrador y número de archivo. Estos detalles son importantes al subir tu audiolibro a distribuidores como Findaway Voices o ACX. También necesitarás una imagen de portada cuadrada (2400 x 2400 píxeles), una descripción breve, biografías del autor y del narrador, y una confirmación de derechos. Si publicas bajo tu nombre, deberás confirmar que eres propietario de todo el contenido y de las voces generadas o que tienes permiso para usarlas comercialmente.

El paso final es **subir y publicar tu audiolibro**. Plataformas como Findaway Voices te permiten cargar todos tus capítulos, agregar metadatos y elegir socios de distribución, incluidos Audible, Spotify, Apple Books y otros. Establecerás un precio de venta, seleccionarás las regalías y decidirás en qué tiendas se venderá tu audiolibro. La aprobación suele tardar entre 5 y 10 días hábiles. Una vez publicado, puedes comenzar a promocionarlo a través de redes sociales, boletines por correo electrónico o anuncios pagados. Ganarás regalías por cada venta, generalmente entre el 40 % y el 50 % según el distribuidor.

Crear audiolibros con IA no es solo un uso interesante de la tecnología: es una **oportunidad real de negocio**. Con las herramientas y el flujo de trabajo adecuados, puedes convertir cualquier libro, blog o artículo en un producto que genere ingresos pasivos durante años. En el próximo capítulo, exploraremos cómo ofrecer servicios de locución para clientes, pero antes conozcamos a alguien que convirtió su antiguo blog en un audiolibro exitoso usando solo IA y determinación.

La historia de Rebecca

Rebecca Lin no había tocado su blog en casi tres años. Lo que alguna vez fue un ritual semanal lleno de pasión y propósito se había desvanecido en el fondo de su vida ocupada como gerente de marketing. Pero cuando su empresa redujo personal durante una recesión económica, Rebecca se encontró sin trabajo y mirando el cursor parpadeante de la barra de búsqueda de Google. Escribió: "cómo ganar dinero con contenido que ya tienes". Entre los resultados apareció un video titulado: "Convierte blogs antiguos en audiolibros con IA". Sonaba curiosamente específico... y extrañamente perfecto.

Intrigada, Rebecca abrió su archivo de blogs antiguos. Decenas de publicaciones extensas sobre desarrollo personal, mindfulness y formación de hábitos. Había puesto el alma en esos textos. ¿De verdad podían convertirse en algo más? Copió su publicación más popular, la adaptó para audio y abrió ElevenLabs. Tras probar varias voces, eligió una con un tono calmado y firme que le pareció perfecta para el contenido de autoayuda. Pegó el texto y presionó "Generar".

La voz era casi demasiado real. Se sentía como si alguien más estuviera leyendo sus palabras —alguien con confianza, claridad y calidez—. Hacía que su escritura sonara incluso mejor de lo que recordaba. Dividió la publicación en tres partes y generó cada una como un archivo separado. Luego descargó Audacity, vio un tutorial de 10 minutos en YouTube y unió los archivos. El resultado final fue el primer capítulo de su audiolibro.

Inspirada, decidió convertir diez de sus mejores publicaciones en un audiolibro completo. Creó un guion simple de introducción, lo generó en ElevenLabs y grabó su propio nombre como autora y narradora usando su teléfono. Tras compilar y editar cada capítulo, siguió una lista de verificación: editar audio, equilibrar niveles, exportar archivos, formatear metadatos y subirlos. Diseñó una portada cuadrada minimalista en Canva, escribió una descripción sincera y subió todo a Findaway Voices.

Una semana después, su audiolibro estaba en vivo, disponible en Spotify, Audible y más. Compartió el enlace en su antiguo blog, lo publicó en redes sociales y lo envió a su pequeña lista de correo. Para su sorpresa, vendió 22 copias en los primeros dos días. No era un número enorme, pero era suficiente para hacerlo real. La semana siguiente vendió 40. Las reseñas comenzaron a llegar: "Voz relajante y consejos útiles", "Lo escuché mientras manejaba al trabajo —me encantó". Era una validación que no esperaba.

Rebecca empezó a ver su contenido antiguo con otros ojos. Reutilizó más publicaciones, las editó en colecciones temáticas y lanzó el Volumen 2 en menos de un mes. Al final de ese trimestre, tenía cuatro audiolibros publicados, cada uno generando unos cientos de dólares al mes. No era una fortuna, pero era constante, pasivo y creciente. Y, lo más importante, le dio una salida creativa y una fuente de ingresos en un momento de incertidumbre.

Lo que más la impactó fue darse cuenta de que la barrera de entrada había desaparecido. Sin estudio. Sin entrenamiento de voz. Sin equipo. Solo sus palabras y las herramientas correctas de IA. Lo que antes era un blog olvidado se había convertido en una serie de audiolibros de crecimiento personal con una marca propia —y la gente estaba escuchando.

Una noche, recibió un correo de un oyente en Canadá: "Gracias por compartir tus palabras. Encontré tu libro en el momento perfecto". Rebecca sonrió y cerró su laptop. No solo estaba creando audiolibros. Estaba conectando, inspirando y construyendo algo más grande —desde casa, un capítulo a la vez.

Capítulo 4: Cómo Vender Servicios de Voz Con IA Como Freelancer

Ahora que ya aprendiste a generar locuciones y audiolibros de alta calidad usando IA, es momento de convertir esas habilidades en ingresos. Trabajar como freelancer con herramientas de voz con IA es una de las formas más rápidas y de menor costo para empezar a ganar dinero en línea. No necesitas hablar frente a un micrófono, reservar tiempo en un estudio ni tener años de experiencia en actuación de voz. Con el posicionamiento adecuado, muestras de portafolio y las plataformas correctas, puedes comenzar a ofrecer servicios de voz con IA hoy mismo y empezar a conseguir clientes esta misma semana. Este capítulo te guiará por todo lo que necesitas saber para vender locuciones como servicio: plataformas, precios, perfiles, sistemas de entrega y escalado.

Comienza **eligiendo tu nicho**. Aunque las voces con IA son versátiles, tendrás más éxito si te especializas en un tipo específico de servicio. Los nichos más populares incluyen locuciones para YouTube, intros de podcasts, guiones de meditación, narración de audiolibros, locuciones para videos explicativos, narración de cursos en línea, sistemas de buzón de voz y anuncios de radio. Piensa en el tono, el estilo y la audiencia a la que te sientes cómodo sirviendo. ¿Ofreces voces calmadas y relajantes? ¿Profesionales y corporativas? ¿Energéticas y entusiastas? Tu nicho determinará cómo comercializas tus servicios y qué tipo de muestras de voz crearás.

Una vez elegido tu nicho, necesitas **crear un portafolio de muestras**. Incluso si nunca has tenido un cliente real, puedes crear proyectos ficticios que demuestren tus habilidades. Por ejemplo, narra un guion corto de un comercial simulado, una cita motivacional, un fragmento de un cuento o la introducción de un curso. Usa tu herramienta de IA elegida para generar audio limpio y profesional, y luego reúne esos clips en un portafolio simple. Puedes subir los archivos a SoundCloud, Google Drive o incrustarlos en tus perfiles de freelancer. De tres a cinco muestras de voz, de 30 a 90 segundos cada una, suelen ser suficientes para comenzar.

Luego, **crea tus perfiles de freelancer**. Las mejores plataformas para vender servicios de voz con IA son Fiverr, Upwork, Freelancer.com y PeoplePerHour. Fiverr es ideal para principiantes porque es más fácil posicionar servicios con precios iniciales bajos. Upwork ofrece clientes de mayor pago a largo plazo, pero requiere propuestas sólidas. En Fiverr, crea un título de servicio como: "Crearé locuciones profesionales con voz de IA para tus videos y audiolibros". Agrega palabras clave relevantes como "voiceover", "audiolibro", "narración" y "voz con IA". Sube tus muestras, escribe una descripción convincente y ofrece paquetes básico, estándar y premium según el número de palabras o la velocidad de entrega.

El precio de tus servicios dependerá de tus clientes objetivo y tu nivel de experiencia. Un buen punto de entrada es cobrar entre $10 y $20 por hasta 100 palabras, $30 a $50 por 500 palabras y $75 a $100 o más por guiones largos o uso comercial. Ofrece entrega rápida por un costo adicional, incluye revisiones como beneficio y vende extras como música de fondo o corrección de guion. Mantén una comunicación profesional, entrega a tiempo y supera las expectativas: así es como consigues clientes recurrentes y reseñas de cinco estrellas.

A medida que ganes tracción, puedes **escalar tu negocio creando sistemas**. Genera locuciones en lotes para múltiples clientes usando plantillas y configuraciones de voz guardadas. Utiliza hojas de cálculo o un CRM gratuito para llevar el control de pedidos, fechas límite y revisiones. Crea plantillas reutilizables para respuestas, mensajes de entrega y propuestas. A medida que crezcan los pedidos, considera subcontratar el formateo de guiones o la edición para que puedas enfocarte en ventas y cumplimiento.

La **promoción** es otra forma de crecer rápidamente. Comparte tus servicios de Fiverr en redes sociales, YouTube, LinkedIn o foros de creadores de contenido. Crea videos en TikTok mostrando demostraciones de voces con IA y el proceso detrás de escena. Contacta a creadores de contenido en YouTube o plataformas de cursos y ofréceles narrar su contenido gratis a cambio de un testimonio. Te sorprenderá cuántos creadores quieren una voz profesional sin tener que grabarse ellos mismos.

Trabajar como freelancer con voces de IA no se trata solo de ganar dinero; también es una **puerta de entrada a oportunidades mayores**. A medida que construyes tu base de clientes, puedes pasar a producir audiolibros, crear aplicaciones impulsadas por voz o incluso licenciar tu propio contenido narrado con IA. La demanda de voz está en todas partes, y con la IA nunca estás limitado por tus propias cuerdas vocales.

Ahora conozcamos a alguien que pasó de ser un estudiante desempleado a un freelancer de voz con IA a tiempo completo usando solo una laptop, herramientas gratuitas y un servicio en Fiverr.

Locuciones con IA: la historia de Daniel

Daniel Cruz tenía 21 años, había abandonado la universidad, tenía una laptop, ningún trabajo y una cuenta bancaria casi en cero. Siempre se le dieron bien la tecnología, pero tras dejar los estudios por el costo de la matrícula, se sentía perdido. No quería un trabajo típico de 9 a 5. Quería construir algo en línea, algo que le diera control sobre su tiempo y sus ingresos. Un día, mientras navegaba por YouTube buscando ideas de ingresos extra, vio un video titulado: "Gana $100 al día con locuciones de IA en Fiverr". El creador del video afirmaba que usaba una herramienta de IA para generar locuciones y venderlas como servicios freelance. Daniel nunca había pensado en vender locuciones, pero decidió intentarlo.

Esa misma tarde se registró en ElevenLabs y creó una cuenta gratuita en Fiverr. Escribió un guion corto para un comercial ficticio: una cita motivacional acompañada de música animada. Probó diferentes voces, ajustó la configuración de emoción y generó el audio. Sonaba sorprendentemente bien. Subió el clip como muestra y publicó un servicio: "Crearé locuciones profesionales con IA para tu canal de YouTube o audiolibro". Fijó el paquete básico en $15 y ofreció entrega en 24 horas.

Pasaron tres días sin actividad. Luego, una notificación: "Tienes un nuevo pedido". Un youtuber quería una introducción de 60 segundos narrada. Daniel se puso manos a la obra. Pidió el guion, eligió una voz clara y amigable, generó el audio y usó Audacity para limpiar el archivo. Lo entregó en menos de seis horas. El cliente dejó una reseña de cinco estrellas. Esa reseña trajo tres pedidos más. Luego cinco. Luego diez.

En un mes, Daniel había completado 40 pedidos. Creó nuevos servicios para narración de audiolibros, intros de podcasts y locuciones para meditaciones. Añadió extras: entrega más rápida, derechos comerciales y música de fondo. Reinvirtió el dinero en actualizar su plan de ElevenLabs y compró audífonos y una herramienta simple de edición. Cada noche, generaba locuciones en lotes, editaba los archivos, los entregaba a los clientes y respondía mensajes.

Empezó a recibir clientes recurrentes: un coach de meditación desde Bali, un canal de finanzas en YouTube, una autora que necesitaba narrar sus cuatro libros. Daniel se dio cuenta de que, mientras otros luchaban por abrirse paso en el freelancing, él había encontrado un punto ideal: un servicio con alta demanda, baja competencia y que no requería talento vocal propio.

Un día, un cliente le preguntó: "¿También ofreces locuciones multilingües?". Daniel investigó un poco y agregó PlayHT a su conjunto de herramientas. Ahora podía ofrecer locuciones en español, portugués y francés. Eso le abrió nuevos mercados internacionales. Sus ingresos se duplicaron. Ya estaba ganando $3,000 al mes, más de lo que había ganado en cualquier trabajo anterior. Y todo comenzó con una herramienta de IA gratuita y una voz que ni siquiera era la suya.

Con el tiempo, Daniel formó un equipo de freelancers para encargarse de la edición y el pulido de guiones. Él se enfocó en escalar: construir relaciones, crear sistemas y promocionar sus servicios. Incluso lanzó un canal de YouTube enseñando a otros cómo iniciar su propio negocio de locuciones con IA. Ya no era solo un freelancer. Dirigía una agencia digital impulsada por IA.

Al mirar atrás, Daniel solía decir: "Nunca pensé que me pagarían por no decir nada". Pero la verdad es que decía mucho, a través de la tecnología, la creatividad y la constancia. Y con cada locución que entregaba, demostraba que la voz del futuro no tenía que salir de tu garganta, sino de tu visión.

Capítulo 5: Cómo Monetizar Podcasts, Cursos y Youtube Con Voces de IA

Más allá de los audiolibros y los servicios freelance, uno de los usos más lucrativos de la tecnología de voz con IA es la creación y monetización de tu propio contenido, específicamente podcasts, cursos en línea y videos de YouTube. Cada una de estas plataformas ofrece oportunidades escalables y repetibles para generar ingresos pasivos o recurrentes mediante contenido impulsado por la voz. Ya no necesitas un estudio de alto nivel ni equipos costosos para construir una marca y una fuente de ingresos. Con la IA, todo lo que necesitas es un guion, la voz adecuada y una estrategia de monetización. Este capítulo te mostrará cómo convertir la narración con IA en contenido que genere dinero mucho tiempo después de haber sido publicado.

Empecemos con los **podcasts**. Los podcasts han explotado en popularidad y cada día más creadores entran en este espacio. Con las herramientas de voz con IA, ahora puedes lanzar un podcast en solitario en cualquier nicho, incluso si no te gusta el sonido de tu propia voz o no quieres grabarte en absoluto. Elige un tema que te apasione o en el que tengas conocimiento. Puede ser desarrollo personal, emprendimiento, storytelling, finanzas, relaciones o incluso herramientas de IA. Escribe guiones cortos de 5 a 10 minutos para cada episodio. Usa una voz de IA consistente para generar familiaridad con los oyentes y produce tus episodios de forma semanal o en lotes.

Una vez que tengas los archivos de audio de tu podcast, puedes publicarlos en plataformas como Spotify for Podcasters, Buzzsprout, Podbean o Anchor. Estas plataformas distribuyen tu podcast a los principales reproductores como Spotify, Apple Podcasts y Google Podcasts. La monetización puede venir de segmentos patrocinados, enlaces de afiliados en las notas del episodio, donaciones de oyentes a través de plataformas como Buy Me a Coffee o de tus propios productos y servicios digitales. A medida que tu podcast crece, tu voz de IA se convierte en el “anfitrión” constante y confiable, y tus ingresos crecen con cada episodio publicado.

Ahora pasemos a los **cursos en línea**. El e-learning es una industria en auge que mueve miles de millones de dólares al año, y los creadores están generando ingresos significativos enseñando lo que saben. Con voces de IA, ahora puedes crear lecciones narradas de alta calidad sin grabarte nunca. Elige un tema para tu curso: algo que domines o que estés dispuesto a investigar. Divide el tema en lecciones o módulos cortos, cada uno con un objetivo de aprendizaje claro. Escribe los guiones de cada lección, usa voces de IA para narrarlos y acompáñalos con diapositivas creadas en Canva o PowerPoint. Exporta las diapositivas y la narración como video usando herramientas gratuitas como Pictory, Synthesia o Lumen5.

Cuando tus lecciones en video estén listas, súbelas a plataformas como Udemy, Teachable, Thinkific o Skool. También puedes vender cursos directamente usando Gumroad o Podia. Estas plataformas te permiten cobrar desde $10 hasta $500 o más, dependiendo del valor del curso y de tu audiencia. Agrega cuestionarios o resúmenes generados con IA para aumentar la participación. La clave está en automatizar y estandarizar el contenido, para que tu curso funcione en piloto automático mientras recopilas reseñas e ingresos con el tiempo.

Ahora hablemos de **YouTube**, una de las plataformas más poderosas para construir una marca y generar ingresos pasivos. Usando voces de IA, puedes crear videos sin rostro que generen ingresos por publicidad, comisiones de afiliados y promoción de tus propios productos. Comienza eligiendo un nicho de contenido como productividad, herramientas de IA, finanzas, storytelling o listas tipo "top 10". Escribe guiones cortos para videos de 3 a 10 minutos. Usa herramientas de voz con IA como ElevenLabs, PlayHT o Murf AI para narrar los guiones. Agrega elementos visuales con herramientas como Pictory, InVideo, CapCut o Canva Pro. Estas plataformas te permiten arrastrar y soltar videos de stock, animaciones y texto en movimiento sincronizado con tu locución.

Una vez que tus videos estén listos, publica de forma constante y optimízalos para búsqueda. Usa títulos fuertes, miniaturas con alto CTR y descripciones ricas en palabras clave. La monetización llega a través de YouTube AdSense (una vez alcanzas 1,000 suscriptores y 4,000 horas de reproducción), pero también mediante enlaces de afiliados en la descripción de tus videos. Promociona productos, servicios o incluso tu propio audiolibro o curso. También puedes crear membresías pagadas u ofrecer descargas digitales usando plataformas como Ko-fi o Patreon.

Lo que hace que el contenido con voz de IA sea tan poderoso en estas tres plataformas —podcasts, cursos y YouTube— es su **escalabilidad**. Puedes producir contenido más rápido que nunca, experimentar con distintos formatos y construir múltiples fuentes de ingresos sin agotarte. Comienza con un episodio, lección o video por semana. Enfócate en la calidad y la claridad. Deja que la IA haga la narración mientras tú te encargas de la estrategia y la monetización.

Ahora sigamos la historia de una creadora que comenzó sin seguidores y sin cámara, pero que usó herramientas de voz con IA para construir tres fuentes de ingresos basadas en contenido desde casa, manteniéndose completamente anónima.

La historia de Chloe

Chloe Nguyen nunca había disfrutado estar frente a una cámara. No era tímida exactamente; simplemente valoraba su privacidad. Mientras sus amigos hacían TikToks y Reels, Chloe prefería escribir. Aun así, soñaba con construir algo en línea: algo pasivo, escalable y significativo. Había probado con blogs y marketing de afiliados con poco éxito. Un día, mientras investigaba ideas de ingresos extra, se topó con un canal de YouTube llamado "Faceless Creators". Mostraba creadores que usaban voces de IA para producir contenido que generaba ingresos reales. Esa misma noche, Chloe decidió intentarlo.

Comenzó con un podcast. Chloe siempre había amado hablar sobre salud mental y mindfulness. Escribió un guion de 500 palabras titulado "Cómo superar el diálogo interno negativo" y usó ElevenLabs para generar una voz femenina calmada y cálida para narrarlo. Era perfecta: íntima, suave y profesional. Agregó música ambiental ligera, exportó el MP3 y publicó su primer episodio en Spotify usando Anchor. Sin foto, sin rostro: solo sus palabras y una voz digital. Promocionó el episodio en algunos grupos de Facebook. Para su sorpresa, recibió varios mensajes agradeciéndole el contenido. Una mujer escribió:

"Tu voz se siente como un abrazo". Chloe sonrió; la voz no era suya, pero las palabras sí.

Animada, creó un segundo episodio. Luego un tercero. Después de algunas semanas, tenía una audiencia pequeña pero creciente. Añadió un enlace de Ko-fi para recibir propinas. La gente donó. Luego alguien preguntó: "¿Tienes un curso sobre esto?". Esa pregunta encendió una nueva idea. Chloe tomó sus mejores episodios del podcast y los convirtió en un curso llamado "Reprograma tu mentalidad en 10 días". Escribió los guiones, usó voces de IA para narrar cada lección y creó diapositivas en Canva. Publicó el curso en Gumroad por $29.

Las ventas comenzaron poco a poco. Cinco la primera semana. Luego diez. Luego alguien lo compartió en un grupo comunitario y las ventas se dispararon. Chloe añadió una meditación guiada como bono —también narrada con IA— y subió el precio a $49. Había ganado más dinero con ese curso en dos semanas que en seis meses de blogging. ¿Lo mejor? No necesitó equipo de grabación, ni sesiones de video, ni hablar frente a la cámara.

Pero Chloe no se detuvo ahí. Tomó el mismo contenido y creó un canal de YouTube. Usando Pictory, convirtió cada guion en un video corto con material de stock y narración con IA.

Publicaba semanalmente: contenido motivacional, consejos de salud mental y meditaciones visuales calmantes. Optimizó títulos, diseñó miniaturas en Canva y compartió cada video en foros de nicho. Poco a poco, los suscriptores crecieron. A los seis meses, alcanzó los 1,000 suscriptores y 4,000 horas de visualización, lo suficiente para monetizar con anuncios de YouTube.

Hoy, Chloe genera ingresos pasivos desde las tres plataformas. Su podcast le trae donaciones y construye audiencia. Su curso se vende en piloto automático a través de Gumroad y promociones de afiliados. Su canal de YouTube gana dinero con anuncios y enlaces de afiliados a herramientas de journaling y libros de autoayuda. Todo construido alrededor de sus palabras y una voz de IA.

Aún no ha mostrado su rostro. Pero su voz digital —esa narradora de IA calmada que personalizó y convirtió en propia— ya es reconocida por miles de seguidores en todo el mundo. Chloe demostró que en la era de la IA no necesitas ser ruidoso, llamativo ni famoso para construir algo con impacto. Solo necesitas un mensaje que valga la pena compartir... y las herramientas adecuadas para darle voz.

Capítulo 6: Cómo Construir Un Sistema de Ingresos Pasivos Con Contenido de Voz

Ahora que ya has creado contenido con voces de IA y aprendido a monetizar en múltiples plataformas, es momento de unirlo todo en un sistema de ingresos pasivos. Un sistema de ingresos pasivos es un conjunto de procesos automatizados o semiautomatizados que continúan generando ingresos con un esfuerzo mínimo en el día a día. En lugar de estar siempre persiguiendo clientes o trabajos únicos, este enfoque te permite crear una vez y ganar de forma continua con productos digitales impulsados por narración con IA. En este capítulo, veremos cómo configurar tu máquina de ingresos pasivos utilizando tu contenido de voz en varias plataformas.

La base de cualquier sistema pasivo es **aprovechar una sola pieza de contenido en múltiples fuentes de ingresos**. Supongamos que escribes una guía de 10 páginas sobre productividad. Puedes narrarla con una voz de IA y publicarla como audiolibro en Findaway Voices. Luego, puedes dividir ese mismo guion en cinco episodios de podcast usando Spotify for Podcasters. Después, convertirlo en un mini curso en línea en Gumroad. Finalmente, transformar cada sección en un video corto sin rostro para YouTube. A partir de un solo guion, ahora tienes cuatro piezas de contenido en cuatro plataformas monetizadas, todas usando generación de voz con IA y herramientas gratuitas o de bajo costo.

El segundo componente es **automatizar la creación y distribución de contenido**. Usa herramientas de IA para reducir el tiempo que dedicas a escribir, editar y publicar. Para los guiones, herramientas como ChatGPT, Jasper o Claude pueden ayudarte a crear rápidamente esquemas, artículos o planes de lecciones. Usa herramientas de voz con IA como ElevenLabs para generar el audio, y plataformas de creación de video como Pictory, InVideo o Lumen5 para combinar imágenes con la narración. Incluso puedes automatizar la publicación usando herramientas como Zapier o Make.com, donde subir un episodio de podcast puede activar publicaciones en redes sociales o el envío de newsletters. Esta automatización te permite publicar de forma constante sin manejar manualmente cada paso.

Luego, necesitas un **centro de contenido central**. Puede ser un sitio web, un blog o una página de enlaces donde todo tu contenido impulsado por voz esté disponible. Usa un creador de sitios gratuito como Carrd, WordPress o Notion para mostrar enlaces a tus audiolibros, episodios de podcast, videos de YouTube y cursos. Agrega formularios de suscripción con plataformas como MailerLite o ConvertKit para recopilar correos electrónicos de tus seguidores y avisarles cuando publiques nuevo contenido. Con el tiempo, este centro se convierte en el lugar donde las personas descubren tu trabajo, interactúan con tu contenido y compran tus productos digitales, todo mientras tú duermes.

Otro elemento crítico es la **monetización recurrente**. Si bien las ventas de productos únicos son excelentes, los modelos de suscripción, las comisiones de afiliados y los ingresos por publicidad generan ingresos a largo plazo. Por ejemplo, puedes crear un podcast por suscripción usando plataformas como Supercast u ofrecer contenido digital de pago a través de Patreon. Puedes recomendar herramientas de IA o productos de nicho mediante plataformas de afiliados como PartnerStack, Impact o Gumroad Affiliates. Y puedes monetizar tu contenido en YouTube o Spotify con anuncios a medida que tu audiencia crece. Con la estructura adecuada, tu contenido narrado con IA funciona como un vendedor que gana dinero para ti las 24 horas del día, los 7 días de la semana.

No olvides construir **sistemas de promoción y visibilidad**. Incluso el mejor contenido no generará ingresos pasivos si nadie lo ve. Programa publicaciones regulares en Instagram, YouTube Shorts, TikTok o Pinterest usando clips de voz con IA. Reutiliza citas de tu podcast o videos en carruseles o hilos de Twitter. Usa hashtags de forma estratégica. Interactúa con creadores relevantes. Crea alianzas. Y siempre incluye llamadas a la acción claras, ya sea "Compra mi audiolibro", "Únete a mi curso" o "Apoya mi canal". Con el tiempo, tu contenido se convierte en un imán que atrae nuevos clientes y seguidores sin que tengas que vender directamente.

Por último, **mide y mejora**. Usa los paneles de analítica de Spotify, YouTube, Gumroad y Findaway para ver qué contenido funciona mejor. Dedica más tiempo a lo que da resultados y elimina lo que no. Prueba diferentes voces, títulos y miniaturas. Optimiza tus guiones con ganchos emocionales y palabras clave. En un plazo de 6 a 12 meses, tu biblioteca de contenido pasivo se multiplica. Pasarás de ganar unos pocos dólares ocasionales a acumular ingresos mensuales constantes, todo a partir de contenido de voz impulsado por IA.

Ahora veamos cómo un creador sistematizó todo su flujo de trabajo de contenido, construyó ingresos de cinco cifras en menos de un año y nunca grabó una sola palabra con su propia voz.

Cómo Leo automatizó su camino a $4,000 al mes

Leo Ramírez siempre había sido una persona de sistemas. Como exanalista de TI, le encantaban los diagramas de flujo, las plantillas y la automatización. Pero cuando perdió su trabajo durante una reducción de personal, los sistemas no pagaban las cuentas, al menos no de inmediato. Comenzó a trabajar como freelancer, pero pronto se dio cuenta de que se estaba agotando por el trabajo constante con clientes. Entonces se topó con un artículo sobre "ingresos pasivos con contenido de IA". Sonaba a una moda exagerada, pero algo hizo clic: "¿Y si uso mis habilidades técnicas para crear sistemas de contenido en lugar de intercambiar tiempo por dinero?".

Leo decidió probar la idea. Escribió una guía corta de 2,000 palabras sobre gestión del tiempo y usó ChatGPT para pulirla. Luego introdujo el guion en ElevenLabs y generó la narración usando una voz masculina clara y profesional. Después, dividió el audio en cinco segmentos y creó un podcast usando Spotify for Podcasters. Reempaquetó el mismo audio con diapositivas visuales usando Pictory y subió los videos a un nuevo canal de YouTube sin rostro. Luego, usando Canva y Gumroad, convirtió el contenido en un mini curso y lo listó por $27.

Todo esto lo hizo en una semana.

Pero Leo no se detuvo ahí. Creó un panel en Notion donde registraba cada pieza de contenido y dónde se había publicado. Configuró automatizaciones con Zapier para que cada vez que subiera un nuevo episodio de podcast, se publicara automáticamente en Twitter, Facebook y su newsletter. Construyó un sitio sencillo en Carrd como centro principal y añadió enlaces a su curso, canal de YouTube y podcast. Luego creó plantillas para guiones, esquemas de lecciones, diseños de miniaturas y listas de verificación de publicación, todo almacenado en Google Drive.

Al final del primer mes, Leo había creado cinco mini cursos impulsados por voz, un podcast con 12 episodios y 10 videos en YouTube. Su canal de YouTube tenía solo 200 suscriptores, pero un video empezó a ganar tracción. Su curso vendió 13 copias. Su podcast obtuvo 400 reproducciones. No era mucho, pero estaba ocurriendo, todo a partir de trabajo que había hecho una sola vez.

Durante los siguientes tres meses, Leo duplicó el sistema. Creó nuevo contenido sobre productividad, side hustles y desarrollo personal usando los mismos flujos de trabajo, las mismas herramientas de IA y la misma voz. Comenzó a ofrecer un paquete de sus cursos por $97. Su canal de YouTube alcanzó los 1,000 suscriptores, lo que le permitió ganar ingresos por anuncios. Su lista de correo superó las 1,500 personas. Todo estaba conectado: su podcast alimentaba su YouTube, su YouTube promocionaba su curso, su curso generaba ventas afiliadas. Era una máquina autosostenible.

Para el sexto mes, Leo estaba ganando más de $4,000 al mes, completamente pasivos. Sin clientes. Sin llamadas. Sin trabajo personalizado. Solo sistemas, contenido y voces de IA trabajando sin descanso.

La historia de Leo no trata de suerte, sino de **apalancamiento**. No tenía una audiencia masiva ni equipo sofisticado. Tenía un sistema, una estrategia y la disposición de automatizar lo que la mayoría intenta hacer a mano. Como solía decir:
"Construye una vez, vende para siempre. Ese es el poder de la voz pasiva."

Capítulo 7: Cómo Escalar Con Clonación de Voz, Contenido Multilingüe y Licencias

Una vez que hayas creado tus primeros productos narrados con IA y configurado un sistema de ingresos pasivos, el siguiente paso lógico es escalar: llegar a más audiencias, aumentar la producción de contenido y multiplicar tus fuentes de ingresos. Tres estrategias poderosas te ayudarán a expandirte: la clonación de voz, el contenido multilingüe y la concesión de licencias de tus activos de audio. Estas técnicas avanzadas pueden ayudarte a hacer crecer tu negocio digital sin agotarte, mientras te posicionan como un creador de contenido global o incluso como una microempresa de medios.

Comencemos con la **clonación de voz**, la capacidad de crear un modelo de voz de IA personalizado basado en una voz humana real. La mayoría de las plataformas como ElevenLabs, PlayHT y Resemble AI ya ofrecen esta función. La clonación de voz te permite mantener la coherencia de marca en todo tu contenido sin grabar manualmente. Puedes subir muestras cortas de tu propia voz (o de otra persona, con permiso legal), y la herramienta replicará el tono, el ritmo y la entonación. Esto es especialmente valioso si estás construyendo una voz de marca para tu canal de YouTube, podcast o serie de audiolibros. Una vez que clonas una voz, puedes generar contenido a escala sin comprometer la originalidad ni la autenticidad.

La clonación de voz también te permite crear **contenido impulsado por personajes**. Imagina clonar una voz específica para tu serie de meditaciones, otra diferente para cuentos infantiles y otra más para tus podcasts de negocios. Esto le da a tu contenido profundidad, variedad y personalización, lo que incrementa el compromiso y la lealtad de los oyentes. Solo recuerda que el uso ético es fundamental. Nunca clones la voz de otra persona sin su consentimiento y sigue siempre las reglas de licenciamiento de la plataforma.

El siguiente nivel de escalado es el **contenido multilingüe**. Con las herramientas de voz con IA ofreciendo ahora locuciones realistas en 20, 50 o incluso más de 100 idiomas, tu contenido puede llegar a una audiencia global de la noche a la mañana. Plataformas como LOVO AI, Synthesys, Murf y PlayHT te permiten traducir tu texto, seleccionar una voz que suene nativa en un nuevo idioma y generar audio en cuestión de minutos. No necesitas hablar el idioma; solo traduce tu guion usando herramientas como DeepL o Google Translate, revísalo con un hablante nativo si es posible y luego nárra con IA.

Al ofrecer el mismo audiolibro, podcast o video en varios idiomas, multiplicas instantáneamente tu mercado. Por ejemplo, un audiolibro de autoayuda en inglés puede funcionar bien en Estados Unidos y el Reino Unido, pero una vez traducido y narrado en español, portugués, hindi o mandarín, puede llegar a millones más en América Latina, India y China. Incluso si comienzas solo con español o francés, estarás entrando en enormes mercados no angloparlantes que están poco atendidos en productos digitales y aprendizaje en audio.

Por último, hablemos de **licenciar tu contenido generado con IA**. Una vez que hayas creado una biblioteca de audio narrado de alta calidad —ya sean meditaciones, historias de fondo, cursos, paisajes sonoros o episodios de podcast— puedes licenciar ese contenido a otros creadores, plataformas o empresas. Esto convierte tu contenido en propiedad intelectual (IP) que sigue generando ingresos en segundo plano. Por ejemplo, puedes licenciar un paquete de meditaciones guiadas a una app de bienestar, licenciar una serie de podcasts a una plataforma de streaming o vender derechos comerciales de uso limitado para tus lecciones o narraciones de audio.

Sitios como AudioJungle, Envato Elements, Pond5 e incluso Gumroad pueden usarse para vender licencias de activos de audio. Puedes establecer tus propios términos: uso personal, uso comercial, exclusivo o no exclusivo. Incluso tu voz clonada (si la política de la plataforma lo permite) puede licenciarse a clientes que quieran un estilo o tono específico para sus proyectos de audio. Este modelo abre la puerta a acuerdos escalables y de alto valor sin trabajo de producción constante.

En resumen, escalar tu negocio de voces con IA significa ir más allá de la simple narración. Usa la clonación de voz para personalizar y agilizar tu creación de contenido. Usa la narración multilingüe para llegar a nuevas audiencias en todo el mundo. Y utiliza modelos de licenciamiento para convertir tu contenido de voz en activos digitales vendibles y repetibles. Así es como pasas de ser un creador individual a construir una marca escalable impulsada por la voz.

Ahora profundicemos en la historia de una artista que pasó de vender una sola meditación narrada con IA a licenciar toda su biblioteca de contenido de voz a empresas de bienestar, en tres idiomas diferentes.

Amara estaba generando ingresos pasivos haciendo lo que amaba

Amara López siempre había sido un alma creativa: artista visual, instructora de yoga y bloguera de bienestar a tiempo parcial. Pero lo que más le gustaba era escribir meditaciones. Pasaba las mañanas temprano creando guiones poéticos y tranquilos diseñados para calmar la mente y conectar con la respiración. Un día, una estudiante de su clase de yoga le preguntó si tenía grabaciones de audio de sus meditaciones. Amara dudó. "No, pero... lo he pensado". Esa noche, decidió crear una.

No tenía un buen micrófono ni un espacio silencioso para grabar. Pero había leído recientemente sobre voces de IA que sonaban humanas y serenas. Se registró en ElevenLabs, pegó su guion en el editor y eligió una voz femenina suave y aireada. El resultado fue impresionante. Cerró los ojos y escuchó; sentía como si sus palabras cobraran vida a través de otra persona. Añadió música suave de una biblioteca libre de derechos, subió la meditación a YouTube y la tituló "Práctica matutina de conexión a tierra". En una semana, tenía 2,000 visualizaciones.

Ese único video inspiró una ola de contenido. Amara escribió diez meditaciones nuevas, cada una enfocada en un tema como gratitud, energía o paz interior, y las narró usando su voz de IA favorita. Agrupó las pistas de audio en un álbum digital y lo vendió en Gumroad por $19. A la gente le encantó. Llegaron reseñas: "Muy relajante", "Se siente como si estuvieras aquí", "Mejor que Headspace". Estaba generando ingresos pasivos haciendo lo que amaba, sin grabar jamás su propia voz.

Luego, un cliente le escribió en español: "¿Tienes estas meditaciones en español?". Amara no las tenía, pero la idea se quedó con ella. Usó DeepL para traducir sus guiones y luego fue a PlayHT y seleccionó una voz nativa española suave. El resultado era igual de calmante. Lanzó la versión en español de su paquete de meditaciones. Las ventas se duplicaron. Agregó versiones en francés y portugués. Cada nuevo idioma abría la puerta a nuevos clientes. Su bandeja de entrada se llenó de mensajes de agradecimiento de todo el mundo.

Pero el verdadero punto de inflexión llegó cuando una app de bienestar descubrió su trabajo en YouTube. Le pidieron licenciar cinco de sus meditaciones por $1,500, de forma no exclusiva y con atribución. Aceptó. Luego otra app se puso en contacto. Y una cadena de spas en Australia. Amara creó un kit de medios, estableció términos de licenciamiento ($99 uso personal, $199 uso comercial, $1,000 exclusivo) y comenzó a recibir consultas semanalmente.

Pronto, Amara no solo creaba meditaciones; dirigía un negocio de licenciamiento de contenido. Contrató a un freelancer para traducir y dar formato a sus guiones, y usó clonación de voz para crear una voz única que se convirtió en la identidad de su marca. Era calmada, femenina y con un acento suave, justo como su narradora ideal. Se expandió a paisajes sonoros, afirmaciones e historias para dormir. Todo estaba impulsado por voces de IA, pero guiado por su propia creatividad y mensaje.

El camino de Amara de artista a emprendedora no fue tradicional. No buscó fama, no se volvió viral ni habló frente a una cámara. Simplemente escaló lo que amaba con la ayuda de la tecnología. Hoy, su contenido de voz suena en spas, aplicaciones y listas de reproducción en cinco continentes, y nada de eso requirió un micrófono.

Su historia es prueba de que cuando la pasión se une a los sistemas —y la voz se une a la escala— no solo creas ingresos. Creas impacto.

Capítulo 8: Consideraciones Legales, Éticas y de Marca Al Usar Voces De IA

A medida que haces crecer tu negocio de contenido con voces de IA, se vuelve cada vez más importante comprender los aspectos legales, éticos y de marca de lo que estás creando. Si bien las voces de IA abren oportunidades increíbles para creadores de contenido, freelancers y emprendedores, también conllevan responsabilidades serias. Este capítulo te ayudará a navegar posibles riesgos legales, mantener la integridad ética y construir una marca confiable y respetada, incluso cuando la voz detrás del contenido no es real.

Comencemos con las **consideraciones legales**. Uno de los aspectos legales más críticos al usar herramientas de voz con IA son los **derechos de uso**. No todas las plataformas permiten el uso comercial de sus voces en todos los planes. Algunas limitan el uso a proyectos personales a menos que te suscribas a una licencia comercial o empresarial. Por ejemplo, ElevenLabs, PlayHT y Murf cuentan con niveles de uso comercial, y publicar o vender audio generado con IA sin la licencia adecuada puede resultar en la eliminación del contenido, avisos legales o incluso la suspensión de tu cuenta. Antes de vender audiolibros, servicios de locución freelance o narraciones para cursos, verifica que los términos de servicio de tu herramienta de voz permitan explícitamente ese uso.

Muy relacionado con esto está el tema de la **legalidad de la clonación de voz**. Crear un clon de tu propia voz generalmente está permitido —y en muchos casos, es recomendado— siempre que no se utilice con fines engañosos. Sin embargo, clonar la voz de otra persona sin permiso constituye una violación de la propiedad intelectual y puede derivar en acciones legales. Obtén siempre un consentimiento por escrito si planeas crear o usar la voz de otra persona, incluso si te ofrecen muestras voluntariamente. Algunas herramientas exigen la carga de formularios de consentimiento para verificar la identidad antes de permitir la clonación. No utilices voces de celebridades o figuras públicas conocidas a menos que estén explícitamente licenciadas para imitación o parodia bajo uso legítimo, lo cual rara vez aplica en contextos comerciales.

Otro elemento legal a considerar es la **propiedad del contenido**. Al usar herramientas de IA para generar locuciones, por lo general conservas los derechos de autor del producto final, siempre que hayas creado el texto y utilizado una voz con licencia para la narración. Sin embargo, normalmente no eres propietario del modelo de voz subyacente. Esto es importante si planeas revender el mismo audio en múltiples plataformas o licenciarlo a terceros. Si tienes dudas sobre tus derechos, revisa las preguntas frecuentes y la documentación legal de la plataforma o contacta a su equipo de soporte antes de distribuir tu trabajo a gran escala.

Ahora pasemos a las **consideraciones éticas**. Mientras la ley define lo que puedes hacer, la ética define lo que deberías hacer. Presentar voces de IA como si fueran humanas —especialmente en contenido dirigido a clientes— puede dañar la confianza. Sé honesto sobre el uso de IA cuando sea apropiado. Por ejemplo, en lugar de ocultar que tu curso o audiolibro está narrado con IA, puedes mencionar que utilizas tecnología de voz avanzada para ofrecer una experiencia consistente y de alta calidad. Esta transparencia suele generar credibilidad e interés, especialmente entre audiencias tecnológicas o emprendedoras.

El uso ético también incluye cómo comercializas y distribuyes tu contenido. No promociones falsamente tus locuciones como si fueran interpretadas por actores de voz específicos. No vendas contenido que no hayas creado o que esté excesivamente tomado de otros creadores sin transformación o permiso. Y no utilices narración con IA para crear contenido engañoso o manipulador, como testimonios falsos, afirmaciones incorrectas o publicidad engañosa. A medida que la regulación de la IA se vuelva más común, las violaciones éticas pueden dañar seriamente tu marca o atraer atención legal no deseada.

Ahora hablemos de **marca**. Una de las mayores ventajas de usar voces de IA es la capacidad de crear un sonido consistente y profesional en todo tu contenido sin depender de tu propia voz. Puedes aprovechar esto creando una **identidad vocal de marca**. Elige un estilo de voz (calmado, enérgico, cálido, confiado, etc.), un tono y un ritmo que se alineen con tu mensaje y tu audiencia. Usa esa misma voz en tus audiolibros, videos, podcasts y anuncios para construir familiaridad y confianza. Con el tiempo, las personas reconocerán tu contenido por cómo suena, igual que reconocen un logotipo o un jingle.

Para reforzar tu marca, dale un nombre a tu voz de IA (si es un personaje), una historia de fondo (para storytelling) o un rol claro (como "Coach", "Narrador" o "Anfitrión"). Si estás clonando tu propia voz, esto se vuelve aún más poderoso. Lo importante es la consistencia. La marca también incluye los elementos visuales: asegúrate de que el tono de tu voz coincida con tus colores, portadas, miniaturas y tipografías. Ya sea que tu estilo sea tranquilo y minimalista o audaz y disruptivo, tu marca debe sentirse unificada en todas las plataformas.

Por último, recuerda que tu marca no es solo cómo suena tu contenido, sino **cómo hace sentir a las personas**. Si te posicionas como alguien confiable, creativo e innovador —y entregas valor de manera constante— a tu audiencia no le importará si la voz es sintética u orgánica. Les importará que los hayas ayudado, inspirado, educado o emocionado.

En la siguiente historia conocerás a un creador que se volvió viral usando voces de IA, pero que también enfrentó críticas cuando no fue transparente. Es una lección sobre cómo la honestidad, la ética y la marca van de la mano al construir un negocio sostenible en la era de la IA.

La historia de Ethan

Ethan Ross no intentaba engañar a nadie. Cuando comenzó su canal de YouTube sin rostro, era solo un proyecto secundario: una forma de compartir consejos de productividad que llevaba años escribiendo en sus diarios. Usó una voz de ElevenLabs porque no le gustaba cómo sonaba frente a la cámara. Mantuvo su identidad privada, utilizó material de stock y publicó semanalmente. En seis meses, su canal explotó. Uno de sus videos —"5 hábitos que cambiaron mi vida"— alcanzó 1.2 millones de visualizaciones. Llegaron suscriptores, correos, comentarios y solicitudes de coaching. La gente pensaba que

Ethan era un emprendedor experimentado, un orador carismático con una voz increíblemente suave.

Él no los corrigió.

De hecho, alimentó el misterio. Creó un curso en línea usando la misma voz de IA y lo presentó con una marca minimalista. Las personas asumieron que él había grabado todo personalmente. Su lenguaje de marketing insinuaba autenticidad: "Comparto lo que me ha funcionado...", "Escucharás mi recorrido...". No era una mentira, pero tampoco era toda la verdad. Y eventualmente, alguien se dio cuenta.

Un espectador comentó: "¿Esta voz es IA? Suena como ElevenLabs". Otro siguió con un hilo detallado en Reddit. Algunos fans lo defendieron, diciendo que el mensaje importaba más que la voz. Pero otros se sintieron traicionados. "Hiciste parecer que eras tú", escribió un usuario. "Si mientes sobre tu voz, ¿qué más estás exagerando?".

Ethan quedó impactado. Había construido algo real: contenido valioso, guiones sinceros, consejos útiles. Pero no había sido transparente, y ahora su marca estaba sufriendo. Publicó un video titulado "La verdad sobre mi voz". En él, fue honesto: "Sí, uso tecnología de voz con IA. Me permite enfocarme en la escritura y la estrategia. Las palabras son mías. La voz es una herramienta". Mostró escenas detrás de cámaras de su flujo de trabajo y explicó por qué había iniciado el canal.

La respuesta fue mixta, pero en general positiva. Los suscriptores apreciaron la honestidad. Algunos incluso lo elogiaron. "Esto hace que me guste aún más tu canal", decía un comentario. Ethan actualizó su sitio web y las descripciones de sus cursos para reflejar el uso de narración con IA. Ajustó ligeramente su marca, adoptando el rol de creador-escritor detrás de la voz artificial. No fue perfecto, pero fue auténtico. Y funcionó.

Desde entonces, la marca de Ethan se centró en la transparencia, la innovación y la simplificación. Lanzó una serie llamada "Crear con IA", donde compartía cómo usaba herramientas de voz para escalar la creación de contenido. Atrajo a una nueva audiencia: creadores que no querían estar frente a la cámara, pero sí construir algo significativo. Su historia se convirtió en un caso de estudio sobre ética, marca y confianza.

Ethan aprendió por las malas que tu voz —ya sea de IA o real— tiene peso. Se convierte en un símbolo de tu mensaje. Y si ese mensaje se basa en la verdad, el valor y la consistencia, puede crecer hasta convertirse en algo poderoso. Ethan no solo se recuperó, creció. Pero solo porque eligió liderar con integridad.

Capítulo 9: Cómo Usar Voces de IA Para Construir Autoridad, Influencia y Una Marca a Largo Plazo

La mayoría de las personas piensan en las voces de IA como herramientas: formas de ahorrar tiempo, reducir costos o automatizar tareas tediosas de narración. Y es cierto. Pero si te quedas solo ahí, te perderás una de las oportunidades más poderosas que ofrece el contenido con voces de IA: la capacidad de construir autoridad, influencia y una marca confiable a largo plazo. En este capítulo, pasamos de la monetización al posicionamiento de marca y exploramos cómo usar contenido impulsado por voz para liderar un nicho, enseñar a gran escala y convertirte en una voz de valor (aunque no sea la tuya).

Para construir autoridad con contenido de voz con IA, el primer paso es **apropiarte de tu mensaje**. La autoridad no proviene de sonar bien, sino de aportar valor de forma constante. Ya sea que narres audiolibros, publiques episodios de podcast o produzcas videos sin rostro para YouTube, el poder está en lo que dices. Eso implica elegir un nicho claro, resolver problemas específicos y presentarte con contenido que realmente mejore la vida de las personas. La autoridad se gana con repetición, calidad e intención, no solo con volumen.

El siguiente paso es la **consistencia de presencia**. Cuando alguien escucha tu voz narrada con IA en múltiples plataformas —tu audiolibro, tu canal de YouTube, tu serie de correos y tu curso— se crea una sensación de omnipresencia. Esto genera familiaridad, y la familiaridad construye confianza. Las personas empiezan a reconocer "tu voz" aunque nunca hayan visto tu rostro. Para reforzarlo, utiliza el mismo narrador o la misma voz de IA en toda tu biblioteca de contenido. Crea una introducción y un cierre de marca. Usa la misma música y estructura en tus podcasts y videos. Con el tiempo, tu voz de IA se convierte en tu firma.

Una forma de amplificar esta autoridad es **enseñar a gran escala**. Los cursos digitales, tutoriales narrados con IA y audiolibros llenos de valor te permiten educar a miles de personas con el mismo contenido. A medida que tu voz enseña —especialmente en formatos evergreen— te posiciona como un líder en tu campo. Añade recursos descargables, listas de verificación de seguimiento y contenido extra para aumentar la participación y el valor percibido. Promociona tu contenido impulsado por voz como el primer paso de un recorrido de aprendizaje y luego construye embudos hacia mentorías, membresías o comunidades.

También construyes influencia al **integrar tu voz en otros ecosistemas**. Por ejemplo, licenciar tu contenido de audio a creadores, aplicaciones o educadores de tu nicho te ayuda a llegar a nuevas audiencias. Puedes colaborar con influencers ofreciendo versiones narradas con IA de sus guiones, meditaciones o boletines. Si estás en salud, finanzas, bienes raíces o negocios, tu contenido de voz con IA puede impulsar podcasts, academias en línea e incluso aplicaciones explicativas. Así pasas de creador individual a líder digital: la voz de referencia para un tema o transformación.

Otro pilar clave para construir una marca a largo plazo es la **narrativa**. Los seres humanos no solo recuerdan datos, recuerdan historias. Integra historias de tu vida, de tu audiencia o estudios de caso relevantes en tu contenido narrado con IA. Aunque uses IA, tu contenido debe sonar a experiencias reales. Eso es lo que genera conexión. Cuando las personas dicen cosas como "siento que te conozco" después de escuchar tu contenido, vas por el camino correcto. Tu voz se convierte en un canal de confianza, transformación y resonancia emocional.

Por último, eleva tu marca con **liderazgo de pensamiento**. Comparte ideas audaces, desafía suposiciones y presenta marcos o filosofías únicas a través de tu contenido. Esto te diferencia de las granjas de contenido y las narraciones genéricas. Si tu voz de IA se asocia de forma constante con ideas poderosas —y no solo con productos— construirás una marca que perdura en el tiempo. Usa tu plataforma para enseñar, sí, pero también para liderar. Así surgieron marcas como las de Tim Ferriss, Brené Brown o Naval Ravikant: presentándose con ideas, claridad y valentía, de forma constante.

Así que no uses el contenido de voz con IA solo para "salir del paso". Úsalo para convertirte en la voz en la que la gente confía. Ya sean 100 seguidores o 100,000 estudiantes, tu audiencia recordará cómo los hizo sentir tu contenido. Y ese sentimiento —esa confianza— es tu activo más valioso.

Ahora entremos en la historia de una experta en bienestar que usó la narración con IA no solo para educar a su audiencia, sino para liderar un movimiento global de sanación y libertad emocional.

5 minutos para la calma emocional

Layla Shah era una terapeuta licenciada que siempre había tenido dificultades con la visibilidad. Su consulta privada funcionaba muy bien a nivel local, pero en el fondo quería llegar a más personas. "Hay demasiada gente sufriendo en silencio", solía decir. Tenía ideas, marcos de trabajo y herramientas, pero no una plataforma. Probó con un blog. Sin resultados. Publicó en Instagram. Poco compromiso. Entonces una amiga le envió una meditación narrada con voz y le dijo:

"Tú podrías hacer algo así; tu trabajo es increíble". Esa sugerencia lo cambió todo.

Layla escribió un guion sencillo titulado "5 minutos para la calma emocional". Usó ChatGPT para darle formato como una breve meditación y luego entró en ElevenLabs. Eligió una voz femenina cálida y acogedora que le recordaba cómo hablaba con sus pacientes. Generó el audio, añadió música suave de fondo y lo subió a YouTube con el título: "Práctica diaria de enraizamiento para la ansiedad". No esperaba gran cosa.

Una semana después, el video tenía 12,000 visualizaciones. Los comentarios la dejaron sin palabras. "Esto me salvó hoy". "Lo necesitaba más de lo que imaginas". "Me suscribí al instante". Por fin había encontrado su voz, aunque no fuera literalmente la suya. Y eso le dio la confianza para hacer más.

Layla empezó a narrar versiones cortas de las herramientas que usaba en terapia: técnicas de enraizamiento, ejercicios de liberación emocional, educación sobre el trauma. Todo escrito por ella, narrado con IA y entregado con cariño. Creó un podcast llamado *La Biblioteca del Autoconsuelo*. Convirtió sus guiones en un audiolibro titulado *Sanación en tus manos*. Lanzó un curso en Gumroad que combinaba audio narrado con IA y cuadernos de trabajo descargables.

Pero lo que más le sorprendió fue cómo respondía la gente a la voz. “Me siento segura escuchando esto”. “¿Quién es la narradora? Es increíble”. Layla sonreía cada vez. “Ese es mi mensaje, con un pequeño apoyo de la tecnología”. No ocultaba nada; de hecho, empezó a mostrar su proceso en Instagram, donde terapeutas y coaches comenzaron a preguntarle cómo podían hacer lo mismo.

Pronto, Layla estaba enseñando a otros profesionales de la salud mental a escalar su impacto con voces de IA. Creó un sitio de membresía, narrado con IA, donde enseñaba a escribir guiones, generar locuciones y empaquetar su trabajo en audio sanador. Ya no era solo terapeuta: era mentora, educadora y creadora de un movimiento.

Su voz —o más bien, la extensión digital de su voz se convirtió en su marca: constante, compasiva y clara. La gente la seguía no solo por el contenido, sino por la calma que transmitía. Confiaban en ella. Y esa confianza se transformó en libros, invitaciones a conferencias y acuerdos de licenciamiento internacional con plataformas de salud mental.

Layla nunca imaginó construir una marca global. Solo quería ayudar a más personas. Pero al presentarse con intención y abrazar la IA como un puente —no como una máscara— se convirtió en una voz de sanación para miles. Y lo logró no gritando más fuerte, sino hablando de forma constante, con propósito y amor.

Capítulo 10: Tus Próximos Pasos — Lanzar y Hacer Crecer Tu Negocio de Contenido Con Voz

Ahora ya has explorado todo el potencial de la tecnología de voces con IA: desde crear audiolibros y podcasts hasta vender servicios de locución, lanzar canales de YouTube sin rostro y escalar tu contenido hasta convertirlo en una marca global. Ya sea que estés comenzando o que ya estés generando ingresos, el capítulo final de este recorrido se trata de tomar acción, lanzar con confianza y crecer con intención. En este capítulo, trazaremos tus próximos pasos para convertir el conocimiento en impulso y crear un negocio sostenible y generador de ingresos con contenido de voz impulsado por IA.

El primer paso es **elegir un área de enfoque**. Aunque las voces con IA pueden usarse de muchas maneras, el éxito llega más rápido cuando comienzas con un solo caso de uso. Elige el que mejor se adapte a tus fortalezas o activos actuales. Si ya tienes un blog o un libro, empieza convirtiéndolo en un audiolibro. Si eres activo en redes sociales, lanza un canal de videos sin rostro usando guiones narrados. Si se te da bien escribir y organizar ideas, crea un curso narrado con voz de IA. Los creadores más rentables no intentan hacerlo todo a la vez: construyen bien una cosa y luego la reutilizan.

Después, **diseña tu primer producto o canal monetizado**. Si vas a crear un audiolibro, formatea tu manuscrito, genera el audio capítulo por capítulo y súbelo a Findaway Voices o ACX. Si vas a lanzar un canal de YouTube, crea un guion, genera la locución, combínala con elementos visuales y publica con títulos y miniaturas optimizadas. Si estás construyendo un curso, graba las lecciones usando voz de IA y diapositivas, y publícalo en plataformas como Udemy o Teachable. Elige un nombre, define tu identidad de marca y crea una página de aterrizaje simple o un enlace en tu biografía donde las personas puedan acceder a todo lo que ofreces.

Una vez que lances, concéntrate en **crear impulso a través de la constancia**. Eso puede significar publicar un audiolibro al mes, un podcast por semana o un video de YouTube cada tres días. La IA te da velocidad y apalancamiento; úsala para avanzar más rápido que tu competencia sin sacrificar calidad. Configura plantillas y flujos de trabajo. Mantén tu voz consistente. Reutiliza tu contenido en distintos formatos para maximizar el alcance. Tu objetivo no es la perfección, es la persistencia. Con cada publicación, estás construyendo confianza, visibilidad y reconocimiento de marca.

A medida que creces, prioriza la **construcción de audiencia y el crecimiento de tu lista**. Usa tu contenido para llevar a los oyentes o espectadores a un centro principal: un boletín, un servidor de Discord, un feed privado de podcast o una comunidad. Ahí es donde anunciarás nuevos lanzamientos, recibirás retroalimentación temprana y generarás ventas sin depender de algoritmos. Añade llamadas a la acción en tu contenido narrado con IA, como: "Suscríbete para recibir el próximo episodio" o "Descarga la guía gratuita en la descripción". Aunque la voz sea de IA, la conexión debe ser real y humana.

No olvides **diversificar tus fuentes de ingresos**. Una vez que construyas un sistema rentable, añade otros poco a poco. Por ejemplo, si tu podcast funciona bien, convierte los guiones en un ebook o curso. Si tu audiolibro se vende, licéncialo en otros idiomas. Si tu canal de YouTube tiene tráfico, agrega enlaces de afiliados, patrocinios o una tienda de productos digitales. Deja que tu contenido alimente tu negocio. Construye una biblioteca, no solo unos cuantos archivos.

Por último, **planifica la escala**. Esto implica documentar tus flujos de trabajo, usar plataformas de automatización como Zapier o Make.com y contratar ayuda cuando sea necesario. Si generas ingresos con audiolibros, contrata a un asistente virtual para formatear manuscritos. Si produces contenido semanal, subcontrata investigación o diseño de miniaturas. El objetivo no es hacer más, sino hacer menos, mejor. Crea sistemas para enfocarte en la visión, la creatividad y el crecimiento.

Tu camino no termina aquí; esto es solo el comienzo. El contenido de voz con IA no es una moda pasajera, es una transformación. La capacidad de hablarle al mundo —de forma instantánea, repetible y sin límites— ahora está en tus manos. No necesitas ser famoso. No necesitas ser extrovertido. Ni siquiera necesitas un micrófono. Solo necesitas tu voz —tu mensaje— y un sistema que permita que sea escuchado.

Ahora cerremos con una última historia, una que muestra lo que es posible cuando alguien se compromete de lleno con esta oportunidad y construye un negocio, una marca y un legado usando solo IA y el valor de crear.

Cómo Tyler creó Brain Fuel

Tyler Brooks no estaba buscando un negocio. Solo quería salir de la rutina agotadora. Exprofesor, se había quemado después de diez años corrigiendo exámenes, asistiendo a reuniones después de clases y enfrentando aulas cada vez más grandes. Amaba enseñar, pero no el sistema. Un verano, después de renunciar, se encontró buscando ideas de ingresos extra en YouTube. Vio un video titulado "Gana $100 al día con contenido de voz con IA". Al principio puso los ojos en blanco.

Pero algo se le quedó grabado. "Sé enseñar. Simplemente no quiero estar frente a la cámara". Esa fue la semilla.

Tyler escribió un guion corto: "Cómo aprender cualquier cosa más rápido". Estaba basado en un taller que solía impartir. Lo cargó en ElevenLabs, eligió un narrador masculino cálido y generó la locución. Añadió diapositivas en Canva, creó un video básico en Pictory y lo subió a YouTube. El video obtuvo 56 visualizaciones en tres días. Casi se rindió. Pero entonces apareció un comentario: "Esto es oro. Por favor, haz más contenido así".

Animado, Tyler escribió cuatro guiones más: uno sobre memoria, otro sobre concentración, otro sobre toma de notas y otro sobre estilos de aprendizaje. Creó un minicurso llamado *Smart Learning Toolkit*, narrado completamente con IA. Lo publicó en Gumroad por $17 y ofreció una lección de audio gratuita a cambio de un correo electrónico. En un mes, tenía 150 suscriptores y 30 ventas. No cambió su vida, pero era real. Era una prueba de concepto.

Redobló esfuerzos. Convirtió cada módulo en un video de YouTube. Compiló los guiones en un audiolibro. Lanzó un podcast llamado *Brain Fuel*, donde publicaba consejos semanales de cinco minutos sobre aprendizaje, todos narrados con IA. Usó ConvertKit para enviar correos semanales y añadió enlaces a sus productos, nuevo contenido e incluso herramientas afiliadas para estudiantes. Sus ingresos crecieron de $300 al mes a $2,000 al mes en tres meses.

Tyler se dio cuenta de que el poder no estaba solo en las herramientas, sino en su mensaje. No solo publicaba contenido con voz de IA: ayudaba a las personas a aprender mejor. Seguía siendo un profesor, solo que con más alcance, libertad y creatividad que nunca. Al cumplir un año, había publicado seis audiolibros, cinco minicursos y más de 100 piezas de contenido narrado. Su canal de YouTube superó los 10,000 suscriptores. Su lista de correos pasó de 5,000 personas. Y su negocio superó los $10,000 mensuales.

Pero lo más importante es que volvió a sentirse orgulloso. Orgulloso de su voz, aunque fuera generada por IA. Orgulloso de los estudiantes a los que había llegado. Orgulloso de no haberse quedado estancado.

La historia de Tyler es un recordatorio: las herramientas ya están aquí. El mercado está listo. Lo único que falta es tu decisión de comenzar.

Epílogo: La IA es tu Vehículo

Hemos llegado al final de este libro, pero en realidad, esto es solo el comienzo. Lo que has explorado aquí no es solo una guía, es una puerta de entrada. Una puerta hacia una nueva era en la que la tecnología ya no reemplaza la creatividad, sino que la potencia. Una era en la que la inteligencia artificial —antes reservada para laboratorios de investigación y la ciencia ficción— ahora es tu aliada para expresarte, crecer y generar ingresos. Has visto cómo un simple bloque de texto puede transformarse en audio poderoso que conmueve a las personas, enseña habilidades o cuenta historias. Y, lo más importante, has visto cómo esa transformación puede monetizarse, escalarse y personalizarse.

Desde los primeros capítulos, aprendiste cómo ha evolucionado la industria de la locución. Ahora conoces la diferencia entre el texto a voz robótico y la narración con IA rica en emoción. Has descubierto plataformas que pueden clonar tu voz, leer en múltiples idiomas, ajustar el tono y el ritmo, e incluso llevar tus palabras a audiencias en países que quizá nunca visites. ¿Y lo mejor de todo? Estas herramientas ya no están ocultas tras costosas barreras ni reservadas para grandes empresas de medios. Están disponibles para ti ahora mismo, muchas veces de forma gratuita o a muy bajo costo.

Tus limitaciones ya no están en el acceso, sino únicamente en la imaginación y la ejecución.

Este libro no es solo un manual. Es un mapa. Un mapa que puede guiar a un docente hacia un impacto global sin necesidad de un aula. A un freelancer hacia ingresos constantes sin poseer un micrófono. A un escritor hacia una influencia masiva sin subir jamás a un escenario. Las herramientas que hemos analizado están democratizando la narración, la educación y el emprendimiento. Ya sea que vivas en un apartamento silencioso o en un hogar ruidoso, que seas experto en tecnología o completamente nuevo en este mundo, ahora tienes todo lo que necesitas para construir algo poderoso. Las herramientas están aquí. El mercado está listo. La oportunidad es enorme.

Pero recuerda: las herramientas solo son tan poderosas como las personas que las utilizan. La voz generada por IA es solo un vehículo. Lo que le da significado, peso y profundidad eres tú. Tus ideas. Tu pasión. Tu historia. Es tu creatividad y tu perspectiva lo que convierte voces sintéticas en conexión humana. Ese es el secreto que la mayoría pasa por alto. La tecnología por sí sola no es transformadora; los creadores lo son. Tú lo eres. Lo que dices, lo que compartes, lo que enseñas: eso es lo que realmente importa. La voz es simplemente el medio por el que viaja.

Entonces, ¿y ahora qué? Ahora es el momento de construir. Graba ese primer artículo narrado. Reutiliza una entrada de blog como muestra de audiolibro. Lanza un servicio ofreciendo locuciones con IA para empresas. Narra tu curso, tradúcelo a cinco idiomas y súbelo a plataformas globales. Empieza en pequeño, pero empieza con inteligencia. Prueba todo. Aprende rápido. Itera a menudo. No esperes a que sea perfecto, porque nunca lo será. Los creadores que ganan en esta nueva era no son los que tienen el mejor equipo, sino los que tienen el mejor impulso.

Y mientras avanzas, nunca olvides los valores que guían el éxito a largo plazo: transparencia, constancia, creatividad y una auténtica vocación de servicio. Ya sea que cuentes historias, enseñes habilidades o construyas un negocio, tu impacto se mide por cuánto ayudas a los demás. La ganancia sigue al valor. Y el valor comienza con la intención.

El futuro pertenece a quienes se adaptan. A quienes combinan la ética de trabajo de la vieja escuela con las herramientas de la nueva. A quienes dejan de pedir permiso y comienzan a publicar, compartir, lanzar y vender. No necesitas ser famoso. No necesitas ser ruidoso. Ni siquiera necesitas ser visto. Todo lo que necesitas es un sistema, una historia y una estrategia. Y ahora, tienes las tres. Ese es el poder de la revolución de las voces con IA.

Así que sigue aprendiendo. Sigue creando. Sigue probando, ajustando y creciendo. Ya sea que tu primer proyecto sea una publicación narrada en redes sociales o una locución de meditación, estás sentando las bases de algo escalable, rentable y significativo. Y a medida que las herramientas evolucionen, tú también lo harás.

Gracias por acompañarme en este viaje. Gracias por creer en tu voz, ya sea grabada, generada o en algún punto intermedio. El mundo está escuchando. Es hora de darle voz a tus palabras. ¿Y tu voz? Es hora de darle un legado.

www.ingramcontent.com/pod-product-compliance
Lightning Source LLC
LaVergne TN
LVHW010842051026
849532LV00007B/2794

* 9 7 9 8 2 9 5 5 9 9 7 9 8 *